l'école - мактаб	2
le voyage - саёҳат	5
le transport - транспорт	8
la ville - шаҳар	10
le paysage - манзара	14
le restaurant - ресторан	17
le supermarché - супермаркет	20
les boissons - ичимликлар	22
les aliments - таом	23
la ferme - чорвачилик хўжалиги	27
la maison - уй	31
la salle de séjour - меҳмонхона	33
la cuisine - ошхона	35
la salle de bains - ваннахона	38
la chambre d'enfant - болалар хонаси	42
les vêtements - кийим	44
le bureau - идора	49
l'économie - иқтисод	51
les professions - касблар	53
les outils - асбоблар	56
les instruments de musique - мусиқа асбоблари	57
le zoo - ҳайвонот боғи	59
les sports - спорт ўйинлари	62
les activités - машғулот	63
la famille - оила	67
le corps - тана	68
l'hôpital - шифохона	72
l'urgence - тез ёрдам	76
la Terre - Ер	77
l'heure - соат	79
la semaine - хафта	80
l'année - йил	81
les formes - шакллар	83
les couleurs - ранглар	84
les opposés - қарама-қарши маънoли сўзлар	85
les nombres - рақамлар	88
les langues - тиллар	90
qui / quoi / comment - ким / нима / қандай	91
où - қаерда	92

Impressum
Verlag: BABADADA GmbH, Nedderfeld 112 , 22529 Hamburg
Geschäftsführer / Verlagsleitung: Harald Hof
Druck: Books on Demand GmbH, In de Tarpen 42, 22848 Norderstedt

Imprint
Publisher: BABADADA GmbH, Nedderfeld 112 , 22529 Hamburg, Germany
Managing Director / Publishing direction: Harald Hof
Print: Books on Demand GmbH, In de Tarpen 42, 22848 Norderstedt

l'école
мактаб

diviser / бўлмоқ

le tableau / доска

la salle de classe / синф

l'enseignant / ўқитувчи

la cour d'école / мактаб ҳовлиси

le papier / қоғоз

le stylo / ручка

le bureau de travail / иш столи

écrire / ёзмоқ

la règle / линейка

le livre / китоб

l'écolier / ўқувчи

le sac d'écolier
осма сумка

la trousse
қаламдон

le crayon
қалам

le taille-crayon
қалам учлагич

la gomme à effacer
ўчиргич

le bloc de papier à dessin
расм албоми

le dessin
чизмачилик

le pinceau
бўёқ чўтка

la boîte de peintures
бўёқдон

les ciseaux
қайчи

la colle
елим

le cahier d'exercices
машғулот дафтари

les devoirs
уй иши

le chiffre
рақам

additionner
қўшмоқ

soustraire
айирмоқ

multiplier
кўпайтирмоқ

calculer
ҳисобламоқ

la lettre
хат

l'alphabet
алифбо

le mot
сўз

l'école - мактаб

le texte
матн

lire
ўқимоқ

la craie
бўр

la leçon
дарс

le cahier de notes
журнал

l'examen
имтиҳон

le certificat
гувоҳнома

l'uniforme scolaire
мактаб формаси

l'éducation
таълим

l'encyclopédie
қомус

l'université
олийгоҳ

le microscope
микроскоп

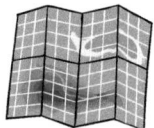
la carte
харита

la corbeille à papier
урна

l'école - мактаб

le voyage
саёҳат

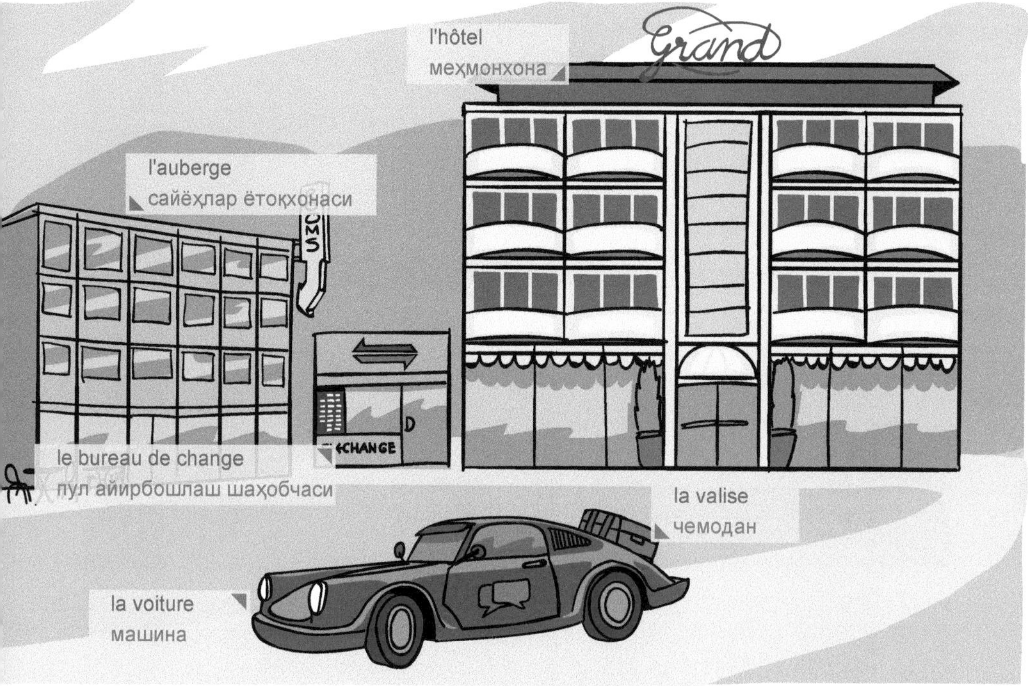

l'hôtel
меҳмонхона
Grand
l'auberge
сайёҳлар ётоқхонаси
CHANGE
le bureau de change
пул айирбошлаш шаҳобчаси
la valise
чемодан
la voiture
машина

la langue

тил

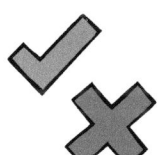

oui / non

ҳа / йўқ

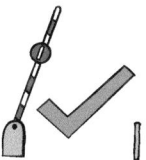

Okay

Хўп

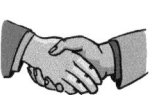

Allo!

салом

le traducteur

таржимон

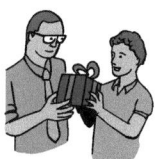

Merci

Раҳмат

Combien coûte...?
неча пул...?

Je ne comprends pas
Тушунмадим

le problème
муаммо

Bonsoir !
Хайрли кеч!

Bonjour !
Хайрли тонг!

Bonne nuit !
Хайрли тун!

bye bye
кўришгунча

la direction
йўналиш

les bagages
йўловчи юки

le sac
сафархалта

le sac à dos
юк халта

l'invité
меҳмон

la pièce
хона

le sac de couchage
уйқуқоп

la tente
чодир

le voyage - саёҳат

le bureau d'information touristique

саёҳларга маълумот бериш столи

la plage

пляж

la carte de crédit

омонат карта

le déjeuner

нонушта

le dîner

нонушта

le souper

кечки овқат

le billet

чипта

l'ascenseur

лифт

le timbre

марка

la frontière

чегара

la douane

божхона

l'ambassade

элчихона

le visa

виза

le passeport

паспорт

le voyage - саёҳат

le transport
транспорт

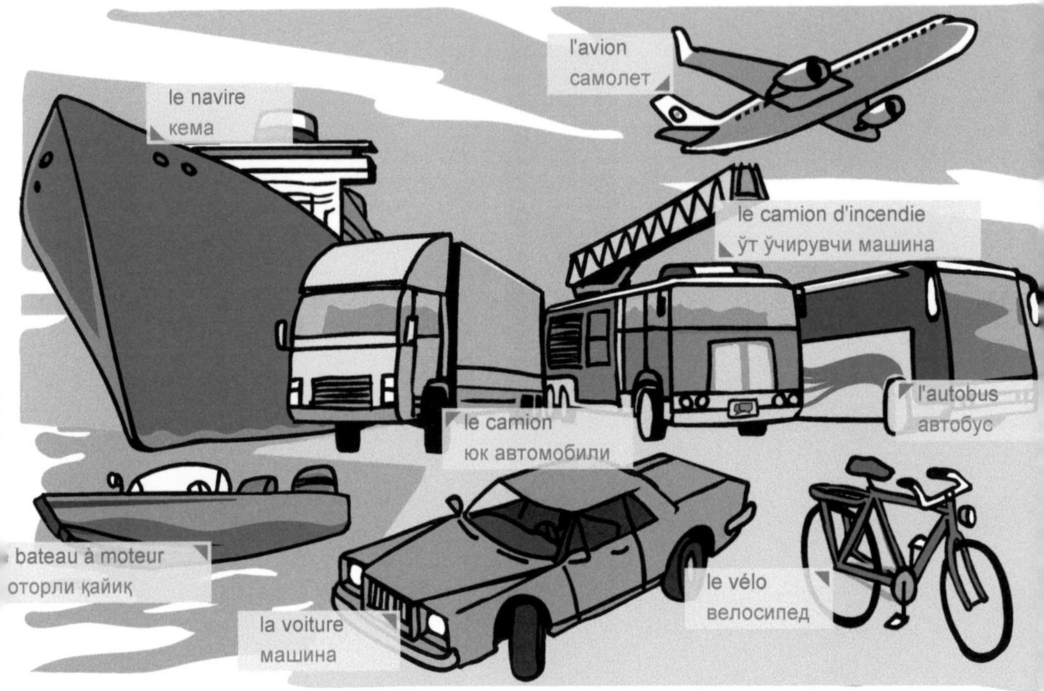

l'avion
самолет

le navire
кема

le camion d'incendie
ўт ўчирувчи машина

le camion
юк автомобили

l'autobus
автобус

bateau à moteur
оторли қайиқ

le vélo
велосипед

la voiture
машина

le traversier
солсимон ясси кема

le bateau
қайиқ

la motocyclette
мотоцикл

la voiture de police
посбон машинаси

la voiture de course
пойга машинаси

la voiture de location
ижарага олинган автоулов

l'autopartage

автоижара

la dépanneuse

шатакка олувчи юк автомобили

le camion à ordures

ахлат машинаси

le moteur

мотор

le carburant

ёқилғи

la station-service

ёқилғи қуйиш шаҳобчаси

le panneau de signalisation

йўл белгиси

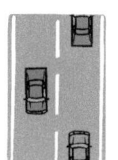

la circulation

йўл ҳаракати

l'embouteillage

тирбанд

le parc de stationnement

автомобил тўхтаб туриш жойи

la gare

поезд бекати

les voies ferrées

рельс

le train

поезд

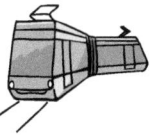

le tramway

трамвай

le wagon

вагон

l'hélicoptère

вертолёт

l'aéroport

аэропорт

la tour

минора

le passager

йўловчи

le conteneur

контейнер

la boîte en carton

қоғоз қути

le chariot

аравача

le panier

сават

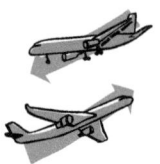

décoller / atterrir

учмоқ / қўнмоқ

la ville
шаҳар

le village

қишлоқ

le centre-ville

шаҳар маркази

la maison

уй

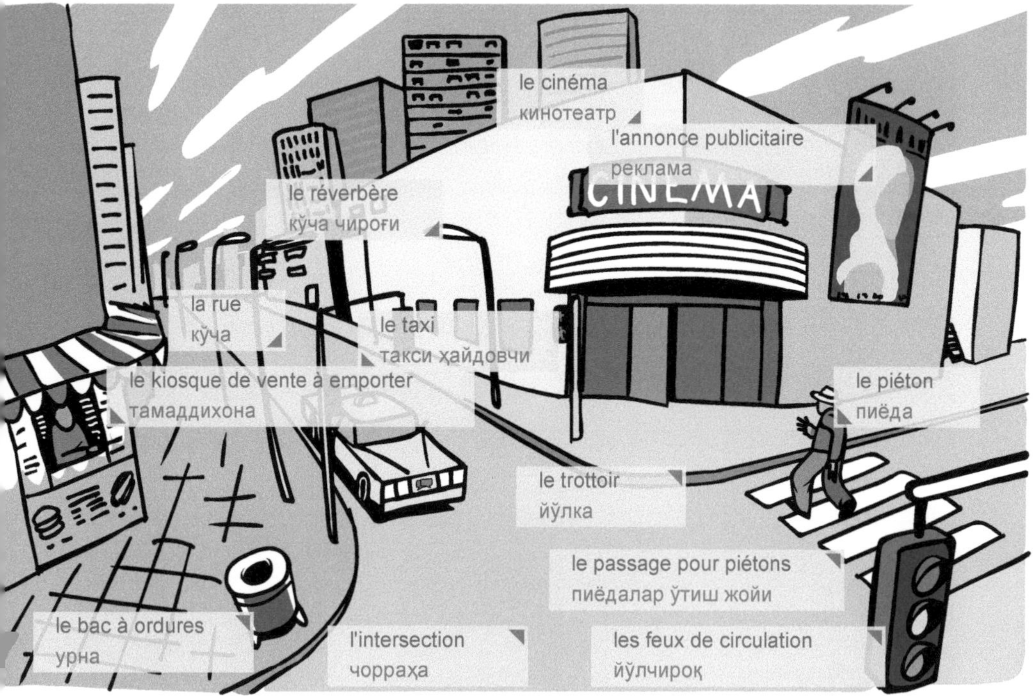

le cinéma
кинотеатр

l'annonce publicitaire
реклама

le réverbère
кўча чироғи

la rue
кўча

le taxi
такси ҳайдовчи

le kiosque de vente à emporter
тамаддихона

le piéton
пиёда

le trottoir
йўлка

le passage pour piétons
пиёдалар ўтиш жойи

le bac à ordures
урна

l'intersection
чорраҳа

les feux de circulation
йўлчироқ

la cabane

кулба

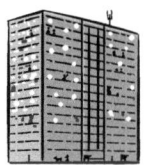

l'appartement

квартира

la gare

поезд бекати

l'hôtel de ville

маҳаллий ҳокимият
биноси

le musée

музей

l'école

мактаб

la ville - шаҳар

l'université

олийгоҳ

la banque

банк

l'hôpital

шифохона

l'hôtel

меҳмонхона

la pharmacie

дорихона

le bureau

идора

la librairie

китоб дўкони

le magasin

дўкон

le fleuriste

гул дўкони

le supermarché

супермаркет

le marché

бозор

le grand magasin

универмаг

la poissonnerie

балиқ дўкони

le centre commercial

савдо маркази

le port

бандаргоҳ

la ville - шаҳар

le parc
истироҳат боғи

le banc
банк

le pont
кўприк

les escaliers
зинапоя

le métro
метро

le tunnel
ер ости йўли

l'arrêt d'autobus
автобус бекати

le bar
бар

le restaurant
ресторан

la boîte à lettres
почта қутиси

la plaque de rue
кўча ёзув осма тахтаси

le parcomètre
тўхтаб туриш вақтини ҳисоблагич

le zoo
ҳайвонот боғи

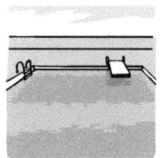

les bains publics
бассейн

la mosquée
масжид

la ville - шаҳар

la ferme
чорвачилик хўжалиги

la pollution
атроф-муҳит
ифлосланиши

le cimetière
қабристон

l'église
ибодатхона

l'aire de jeux
болалар ўйингоҳи

le temple
эҳром

le paysage
манзара

la feuille
япроқ

le panneau indicateur
йўлкўрсаткич

le chemin
йўл

le pré
ўтлоқ

la pierre
тош

l'arbre
дарахт

le randonneur
пиёда сайёҳ

la rivière
дарё

l'herbe
майса

la fleur
гул

14   le paysage - манзара

la vallée
водий

la colline
қир

le lac
кўл

la forêt
ўрмон

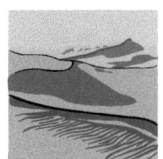

le désert
чўл

le volcan
вулкан

le château
қалъа

l'arc-en-ciel
камалак

le champignon
қўзиқорин

le palmier
пальма дарахти

le moustique
пашша

la mouche
чивин

la fourmi
чумоли

l'abeille
асалари

l'araignée
ўргимчак

le scarabée

қўнғиз

la grenouille

қурбақа

l'écureuil

олмахон

le hérisson

типратикон

le lièvre

қуён

la chouette

укки

l'oiseau

қуш

le cygne

оққуш

le sanglier

эркак чўчқа

le cerf

буғу

l'orignal

бутоқ шохли кийик

le barrage

тўғон

l'éolienne

шамол генератори

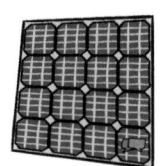

le panneau solaire

қуёш батареяси

le climat

иқлим

le restaurant
ресторан

- le serveur / официант
- le menu / таомнома
- la chaise / стул
- la soupe / шӳрва
- la pizza / пицца
- la coutellerie / ошхона анжомлари
- la nappe / дастурхон

les hors-d'œuvre
газак

le plat principal
асосий таом

le dessert
десерт

les boissons
ичимликлар

les aliments
таом

la bouteille
бутилка

le restaurant - ресторан

la restauration rapide
тез пишар таом

la cuisine de rue
кўча таоми

la théière
чойнак

le sucrier
шакардон

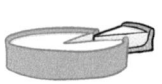
la part
порция

la machine à expresso
эспрессо кофе машинаси

la chaise haute d'enfant
болалар курсичаси

la facture
ҳисоб

le plateau
лаган

le couteau
пичоқ

la fourchette
санчқи

la cuillère
қошиқ

la cuillère à thé
чой қошиқ

la serviette
қўл сочиқ

le verre
стакан

le restaurant - ресторан

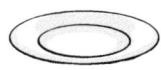  

l'assiette — ликоп

l'assiette creuse — шӱрва коса

la soucoupe — тақсимча

 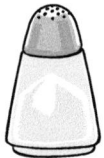 

la sauce — қайла

la salière — туздон

le moulin à poivre — қалампир янчгич

  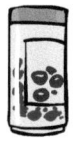

le vinaigre — сирка

l'huile — ёғ

les épices — зираворлар

le ketchup — кетчуп

la moutarde — хантал

la mayonnaise — майонез

le restaurant - ресторан

le supermarché
супермаркет

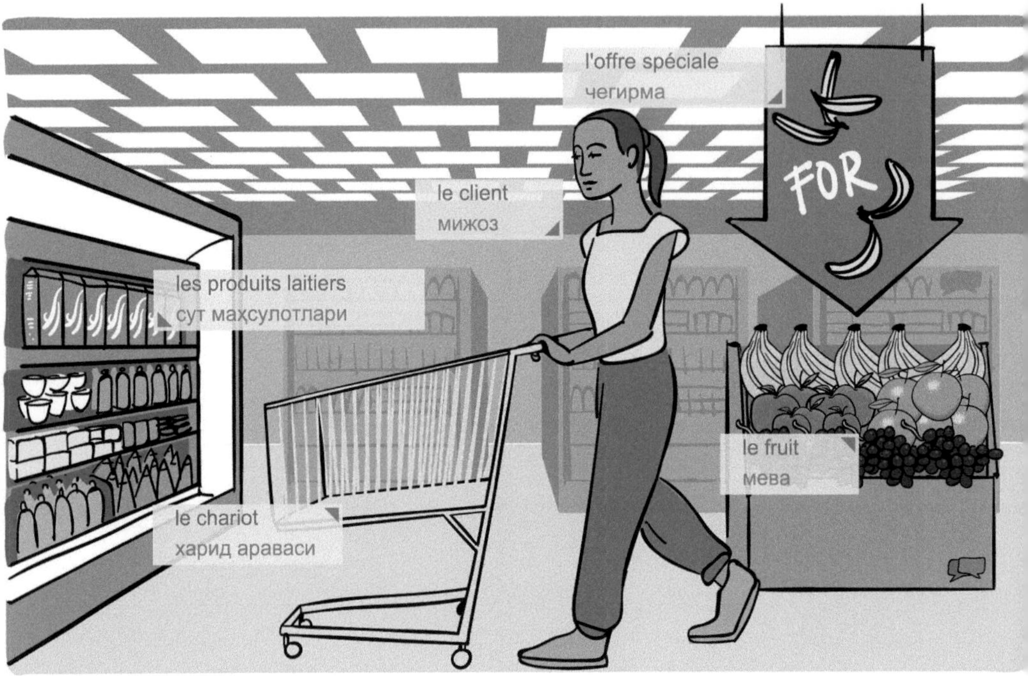

l'offre spéciale
чегирма
FOR
le client
мижоз
les produits laitiers
сут маҳсулотлари
le fruit
мева
le chariot
харид араваси

BUTCHERS

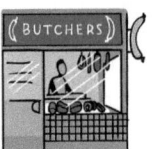

la boucherie

қассобхона

BAKERY

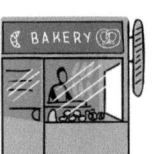

la boulangerie

нонвойхона

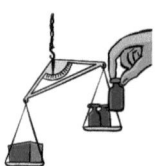

peser

тарозида ўлчамоқ

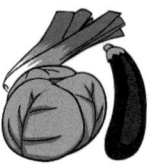

les légumes

сабзавот

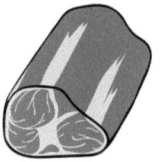

la viande

гўшт

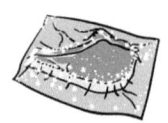

les aliments congelés

музлатилган таомлар

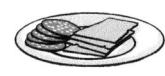

les viandes froides

яхна гўшт

les conserves

консерва

le détergent à lessive en poudre

кир ювиш воситаси

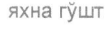

les sucreries

ширинликлар

les produits d'entretien ménager

кундалик истеъмол моллар

les produits d'entretien

ювиш воситалари

la vendeuse

сотувчи

la caisse

касса аппарати

le caissier

ғазначи

la liste de provisions

харид рўйхати

les heures d'ouverture

иш вақти

le portefeuille

ҳамён

la carte de crédit

омонат карта

le sac

халта

le sac plastique

целлофан халта

le supermarché - супермаркет

les boissons
ичимликлар

l'eau
сув

le jus
шарбат

le lait
сут

le cola
кока-кола

le vin
вино

la bière
пиво

l'alcool
спиртли ичимлик

le cacao
какао

le thé
чой

le café
кофе

l'expresso
эспрессо

le cappuccino
капучино

les aliments
таом

la banane

банан

la pomme

олмахон

l'orange

апельсин

le melon d'eau

қовун

le citron.

лимон

la carotte

сабзи

l'ail

саримсоқ

le bambou

бамбук

l'oignon

пиёз

le champignon

қўзиқорин

les noix

ёнғоқ

les nouilles

лағмон

les spaghettis
спагетти

le riz
гуруч

la salade
салат

les frites
картошка-фри

les pommes de terre sautées
қовурилган картошка

la pizza
пицца

le hamburger
гамбургер

le sandwich
сэндвич

l'escalope
тўқмоқланган тўш қиймаси

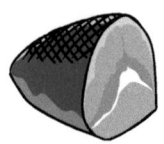

le jambon
дудланган чўчқа гўшти

le salami
салями колбасаси

la saucisse
сосиска

le poulet
товуқ гўшти

le rôti
қовурилган

le poisson
балиқ

les aliments - таом

le gruau d'avoine

сули бўтқаси

le muesli

мюсли

les flocons de maïs

маккажўхори ёрмаси

la farine

ун

le croissant

француз булочкаси

le petit pain

булочка

le pain

нон

la rôtie

қизартирилган нон бўлаги

les biscuits

пиширик

le beurre

сариёғ

le caillé

творог

le gâteau

пирог

l'œuf

тухум

l'œuf miroir

қовурилган тухум

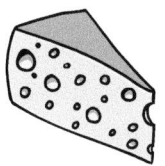

le fromage

пишлоқ

les aliments - таом

25

la crème glacée

музқаймоқ

le sucre

шакар

le miel

асал

la confiture

мураббо

la crème de nougat

шоколад пастаси

le cari

зарчава

les aliments - таом

la ferme
чорвачилик хўжалиги

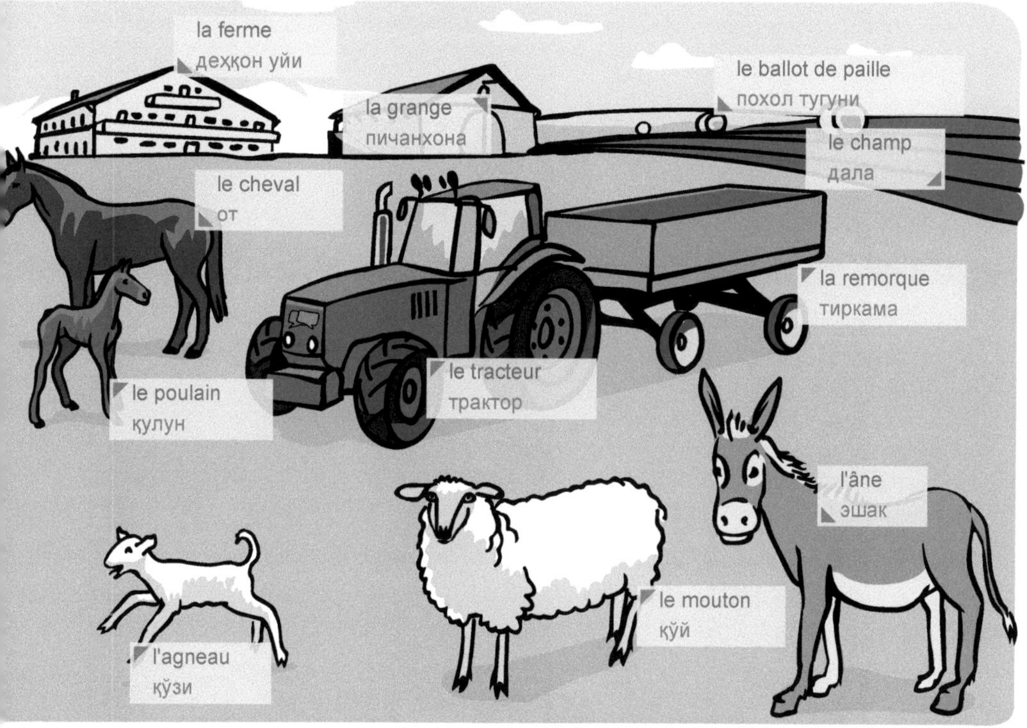

- la ferme — деҳқон уйи
- la grange — пичанхона
- le ballot de paille — похол тугуни
- le champ — дала
- le cheval — от
- la remorque — тиркама
- le poulain — қулун
- le tracteur — трактор
- l'âne — эшак
- l'agneau — қўзи
- le mouton — қўй

la chèvre
эчки

la vache
сигир

le veau
бузоқ

le porc
чўчқа

le porcelet
чўчқа боласи

le taureau
буқа

l'oie
ғоз

le canard
ўрдак

le poussin
жўжа

la poule
товуқ

le coq
хўроз

le rat
каламуш

le chat
мушук

la souris
сичқон

le bœuf
ҳўкиз

le chien
ит

la niche
каталак

le tuyau d'arrosage
ҳовли боғ шланги

l'arrosoir
гулчелак

la faux
белўроқ

la charrue
темир омоч

la ferme - чорвачилик хўжалиги

la faucille

қўлўроқ

la binette

чопқи

la fourche à foin

паншаха

la hache

болта

la brouette

ғалтакарава

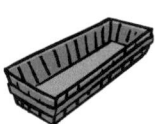

l'auge

охур

le pot à lait

сут бидони

le grand sac

тўрва

la clôture

панжара

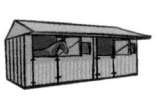

l'écurie

оғилхона

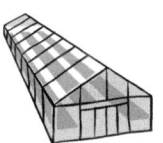

la serre

иссиқхона

le sol

тупроқ

les graines

уруғ

l'engrais

ўғит

la moissonneuse-batteuse

комбайн

la ferme - чорвачилик хўжалиги

récolter
ҳосил олмоқ

la récolte
йиғим-терим

l'igname
ямс

le blé
буғдой

le soja
соя

la pomme de terre
картошка

le maïs
маккажўхори

la graine de colza
рапс уруғи

l'arbre fruitier
мевали дарахт

le manioc
маниок

les grains
ёрма

la ferme - чорвачилик хўжалиги

la maison
уй

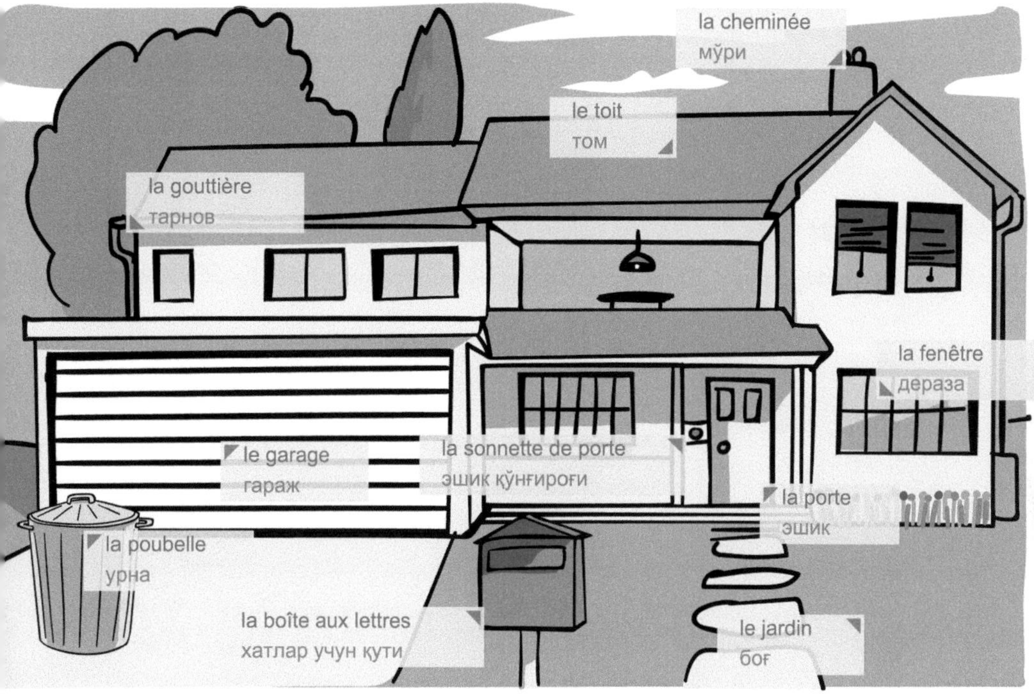

- la cheminée — мӯри
- le toit — том
- la gouttière — тарнов
- la fenêtre — дераза
- le garage — гараж
- la sonnette de porte — эшик қӯнғироғи
- la porte — эшик
- la poubelle — урна
- la boîte aux lettres — хатлар учун қути
- le jardin — боғ

la salle de séjour
меҳмонхона

la salle de bains
ваннахона

la cuisine
ошхона

la chambre à coucher
ётоқхона

la chambre d'enfant
болалар хонаси

la salle à manger
ошхона

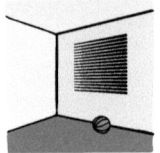

le plancher

пол

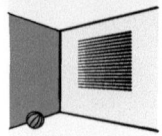

le mur

девор

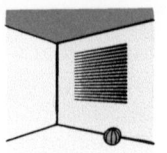

le plafond

шип

le cellier

подвал

le sauna

сауна

le balcon

болохона айвони

la terrasse

айвон

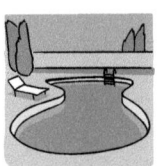

la piscine

бассейн

la tondeuse à gazon

ўт ўргич машина

le drap

кўрпажилд

le jeté de lit

чойшаб

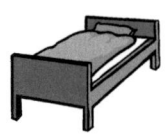

le lit

кроват

le balai

супурги

le seau

пақир

l'interrupteur

мурват

la maison - уй

la salle de séjour
меҳмонхона

- le papier peint — гулқоғоз
- le tableau — сурат
- la lampe — чироқ
- l'étagère — токча
- l'armoire — жавон
- le foyer — ўчоқ
- la télévision — телевизор
- la fleur — гул
- le coussin — ёстиқ
- le vase — гулдон
- le sofa — диван
- la télécommande — масофадан бошқариш пульти

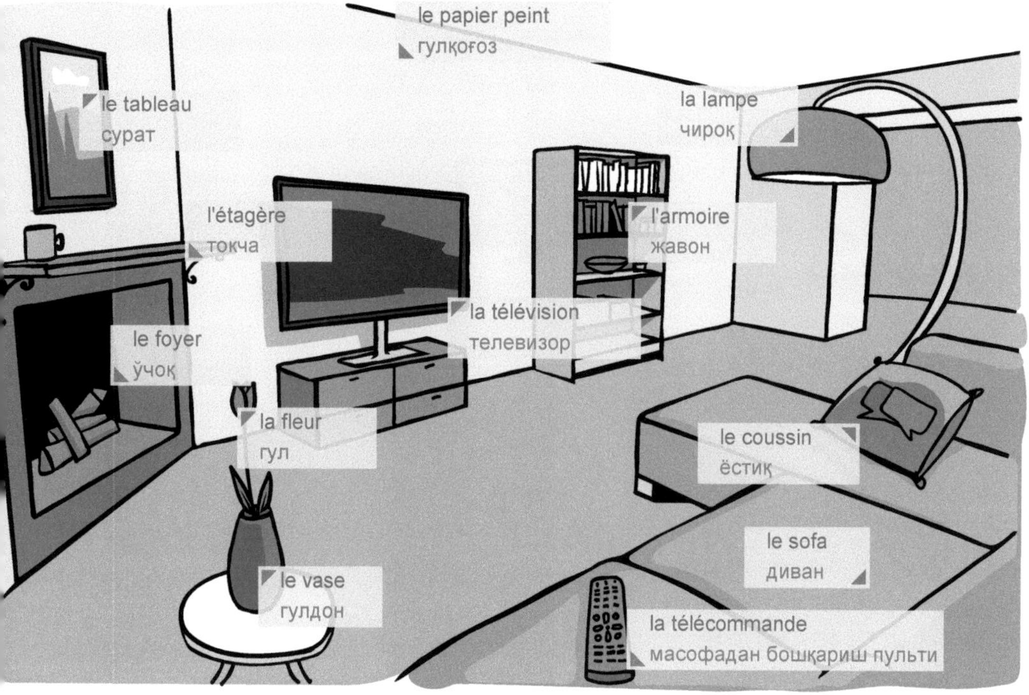

le tapis
гилам

le rideau
парда

la table
стол

la chaise
стул

le berceuse
тебранма курси

le fauteuil
кресло

la salle de séjour - меҳмонхона

le livre
китоб

la couverte
кӯрпа

la décoration
ҳашам

le bois de chauffage
ӯтин

le film
кино

la chaîne hi-fi
стерео қурилма

la clé
калит

le journal
рӯзнома

la peinture
расм

l'affiche
плакат

la radio
радио

le bloc-notes
ён дафтар

l'aspirateur
чанг ютгич

le cactus
кактус

la chandelle
шам

la salle de séjour - меҳмонхона

la cuisine
ошхона

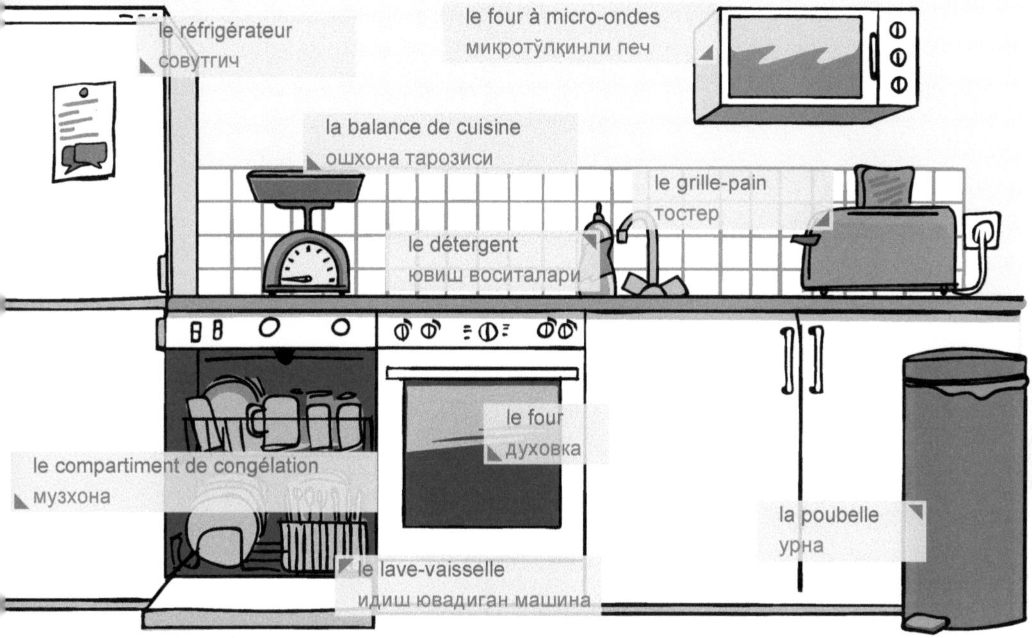

- le réfrigérateur / совутгич
- le four à micro-ondes / микротўлқинли печ
- la balance de cuisine / ошхона тарозиси
- le grille-pain / тостер
- le détergent / ювиш воситалари
- le four / духовка
- le compartiment de congélation / музхона
- la poubelle / урна
- le lave-vaisselle / идиш ювадиган машина

la cuisinière
плита

la marmite
кастрюль

la cocotte en fonte
чўян қозон

le wok/kadai
бўртма тубли това

la poêle
това

la bouilloire
човгун

la cuisine - ошхона

le cuiseur à vapeur

мантиқасқон

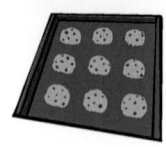

la plaque à patisserie

тунука това

la vaisselle

идиш

la grande tasse

кружка

le bol

коса

les baguettes

таом ейиш таёқчалари

la louche

чўмич

la spatule

куракча

le fouet

кўпиртиргич

la passoire

элак

le tamis

элак

la râpe

қирғич

le mortier

ҳовонча

le barbecue

гриль

le foyer

олов

36   la cuisine - ошхона

la planche à découper

оштахта

le rouleau à pâtisserie

жува

le tire-bouchon

пармасимон тиқин очгич

la boîte à conserves

консерва

l'ouvre-boîte

консерва очгич

la mitaine de four

тутгич

l'évier

унитаз

la brosse

идиш чўтка

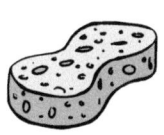

l'éponge

қозонсочиқ

le mélangeur

қориштиргич

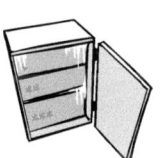

le congélateur

музлатгич

le biberon

сўрғичли чақалоқ бутилкаси

le robinet

кран

la cuisine - ошхона

37

la salle de bains
ваннахона

- le chauffage — иситиш тизими
- la serviette — сочиқ
- la douche — душ
- le bain moussant — кўпикли ванна
- le rideau de douche — дарпарда
- la baignoire — ванна
- le verre — стакан
- la machine à laver — кир ювиш машинаси
- les carreaux — кафель
- le robinet — кран
- le pot — тувак
- l'évier — унитаз

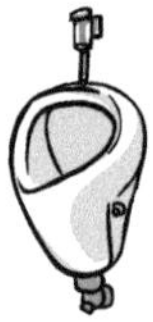

la toilette	la toilette turque	le bidet
хожатхона	полга ўрнатиладиган унитаз	таҳоратдон
l'urinoir	le papier hygiénique	la brosse à toilette
сийдик унитази	хожатхона қоғози	хожатхона чўткаси

la brosse à dents
тиш чўтка

le dentifrice
тиш пастаси

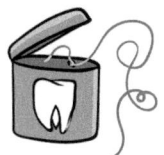
la soie dentaire
тиш тозалагич ип

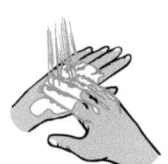
laver
ювмоқ

la douchette
дастакли душ

la douche vaginale
таҳорат учун душ

la cuvette
тоғора

la brosse pour le dos
елка қашлайдиган чўтка

le savon
совун

le gel douche
душ учун гель

le shampooing
шампунь

la débarbouillette
мочалка

le drain
қувур

la crème
крем

le déodorant
дезодарант

la salle de bains - ваннахона

le miroir

кўзгу

le miroir à main

қўл кўзгуси

le rasoir

устара

la mousse à raser

устара учун кўпик

l'après-rasage

салқинлантирувчи бальзам

le peigne

тароқ

la brosse

чўтка

le sèche-cheveux

фен

la laque

соч учун лак

le maquillage

пардоз-андоз

le rouge à lèvres

лаб учун помада

le vernis à ongles

тирноқ лаки

l'ouate

пахта

les ciseaux à ongles

тирноқ қайчиси

le parfum

духи

la salle de bains - ваннахона

la trousse de toilette

пардоз-андоз халтаси

le tabouret

курси

le pèse-personne

тарози

le peignoir

чўмилиш халати

les gants de caoutchouc

резина қўлқоп

le tampon

тампон

les serviettes hygiéniques

гигиеник таглик

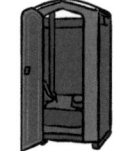

la toilette chimique

биоҳожатхона

la salle de bains - ваннахона

la chambre d'enfant
болалар хонаси

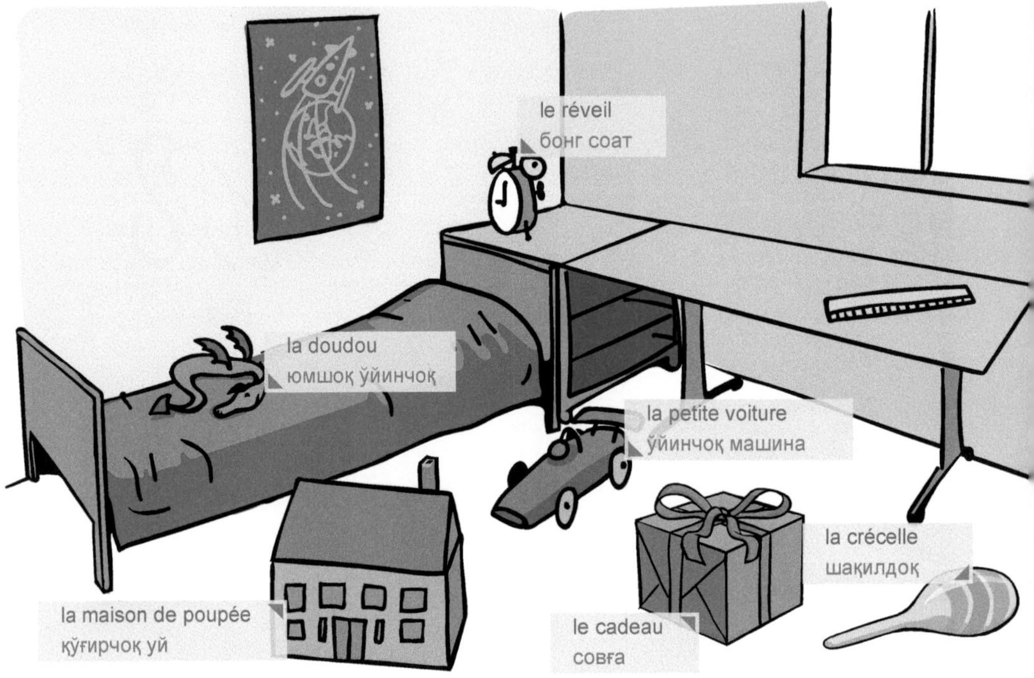

le réveil
бонг соат

la doudou
юмшоқ ўйинчоқ

la petite voiture
ўйинчоқ машина

la crécelle
шақилдоқ

la maison de poupée
қўғирчоқ уй

le cadeau
совға

le ballon
шар

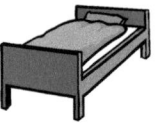

le lit
кроват

le landau
болалар аравачаси

le jeu de cartes
карта тўплами

le casse-tête
терма тасвир

la bande dessinée
кулгили саҳна асари

les blocs LEGO

лего ғиштлари

le jeu de briques

ўйинчоқ кубиклар

la figurine articulée

ўйинчоқ қаҳрамон

la dormeuse

ползунка

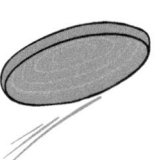

le disque volant

учар ликопча

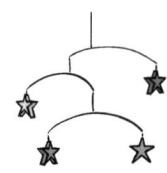

le mobile

осма шақилдоқ

le jeu de société

стол ўйини

le dé

ошиқ

l'ensemble de modèles de train

поезд макети

le mannequin

сўрғич

la fête

ўтириш

le livre d'images

расмли китоб

la balle

копток

la poupée

қўғирчоқ

jouer

ўйнамоқ

la chambre d'enfant - болалар хонаси

le bac à sable

қумдон

la balançoire

арғимчоқ

les jouets

ўйинчоқлар

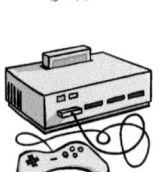

la console de jeu vidéo

ўйин приставкаси

le tricycle

уч ғилдиракли велосипед

l'ours en peluche

бахмал айиқ

la garde-robe

кийим шкафи

les vêtements
кийим

les chaussettes

пайпоқ

les bas

чулки

le collant

колготка

l'écharpe
шарф

le parapluie
соябон

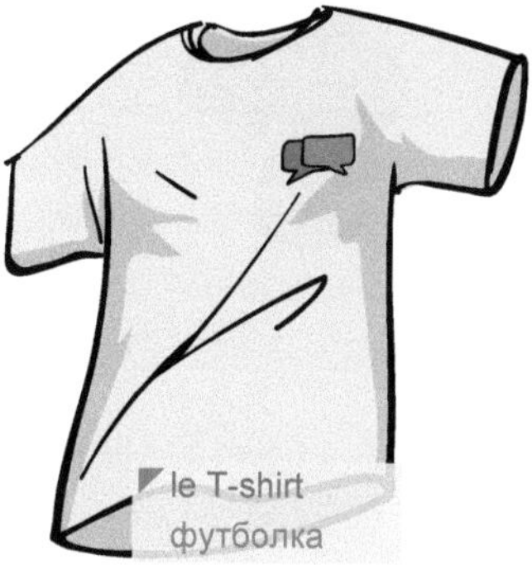

le T-shirt
футболка

la ceinture
камар

les bottes
ботинка

les pantoufles
тапочка

les chaussures de sport
кроссовка

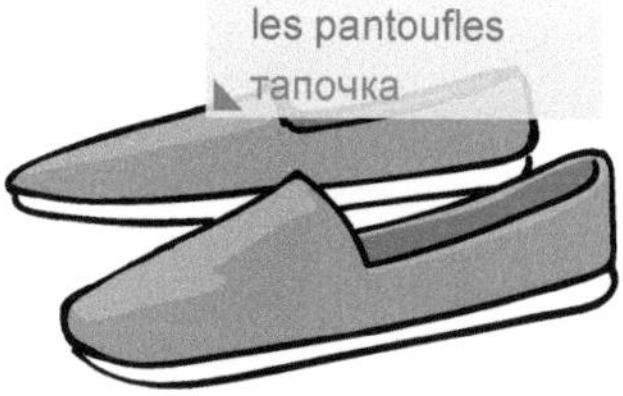

les sandales

шиппак

les souliers

туфли

les bottes de caoutchouc

резина этик

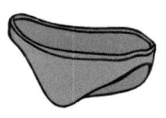

les sous-vêtements

тор турсик

le soutien-gorge

кўкракпеч

le gilet

майка

les vêtements - кийим

le body

боди

le pantalon

иштон

le jean

жинси

la jupe

юбка

le chemisier

кофта

la chemise

кўйлак

le chandail

жемпер

le chandail à capuche

узун чакмон

le blazer

спорт бичимидаги пиджак

la veste

куртка

le manteau

пальто

le manteau de pluie

плаш

le complet

либос

la robe

кўйлак

la robe de mariée

келин кўйлак

le tailleur
костюм шим

la chemise de nuit
тунги кўйлак

le pyjama
пижама

le sari
сари

le foulard
шолрўмол

le turban
салла

la burqa
паранжи

le cafetan
чакмон

l'abaya
абая

le maillot de bain
чўмилиш костюми

le maillot short
турсик

la culotte courte
шортик

le survêtement
спорт костюми

le tablier
фартук

les mitaines
қўлқоп

les vêtements - кийим

le bouton

тугма

les lunettes

кўзойнак

le bracelet

билагузук

le collier

мунчоқ

la bague

узук

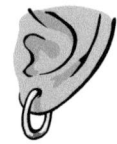

la boucle d'oreille

сирға

la tuque

кепка

le cintre

пальто илгак

le chapeau

шляпа

la cravate

бўйинбоғ

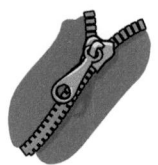

la fermeture à glissière

замок

le casque

дубулға

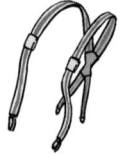

les bretelles

шим тортгич

l'uniforme scolaire

мактаб формаси

l'uniforme

форма

le bavoir
ошхўрак

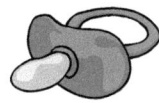
le mannequin
сўрғич

la couche
таглик

le bureau
идора

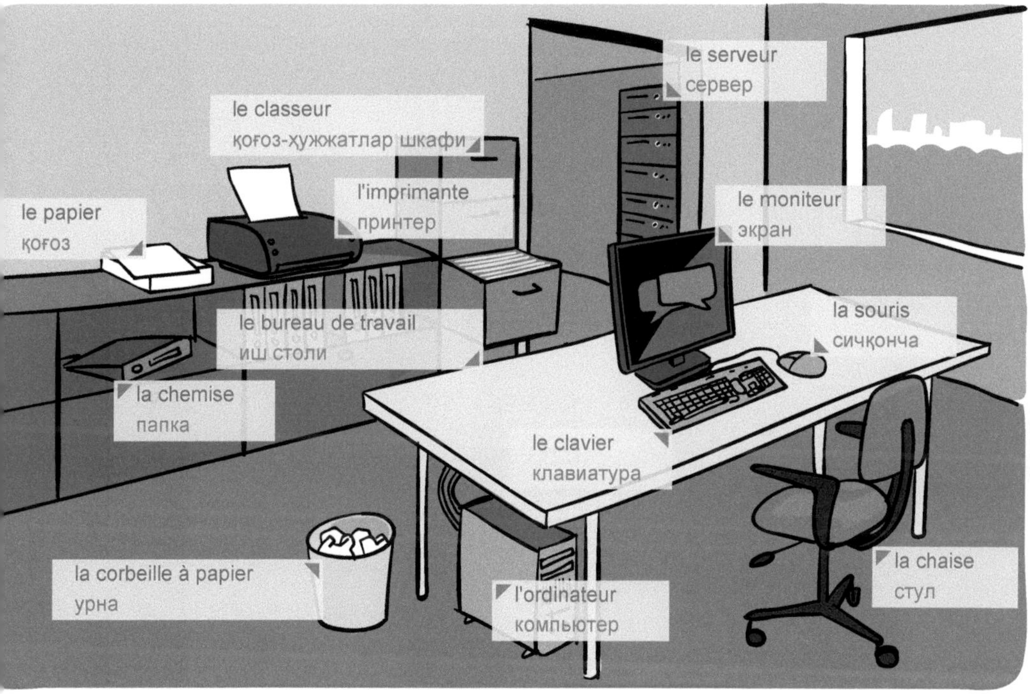

- le serveur — сервер
- le classeur — қоғоз-хужжатлар шкафи
- l'imprimante — принтер
- le moniteur — экран
- le papier — қоғоз
- le bureau de travail — иш столи
- la souris — сичқонча
- la chemise — папка
- le clavier — клавиатура
- la corbeille à papier — урна
- l'ordinateur — компьютер
- la chaise — стул

la grande tasse à café
кофе кружкаси

la calculatrice
калькулятор

l'Internet
интернет

l'ordinateur portable

ноутбук

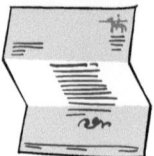

la lettre

хат

le message

мактуб

le téléphone cellulaire

уяли телефон

le réseau

тармоқ

le photocopieur

нусха кўчиргич

le logiciel

дастур

le téléphone

телефон

la prise de courant

розетка

le télécopieur

факс

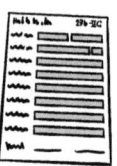

le formulaire

шакллар

le document

ҳужжат

le bureau - идора

l'économie
иқтисод

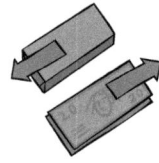
acheter
харид қилмоқ

payer
тўламоқ

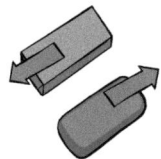
commercer
савдолашмоқ

l'argent
пул

le dollar
доллар

l'euro
евро

le yen
йен

le rouble
рубль

le franc suisse
швейцар франки

le renminbi yuan
Кэньминьби хитой юани

la roupie
рупи

le distributeur de billets
банкомат

l'économie - иқтисод   51

le bureau de change

пул айирбошлаш шаҳобчаси

l'or

олтин

l'argent

кумуш

le pétrole

нефт

l'énergie

энергия

le prix

нарх

le contrat

шартнома

la taxe

солиқ

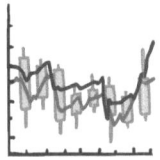

les actions

акция

travailler

ишламоқ

l'employé

ишчи

l'employeur

иш берувчи

l'usine

завод

le magasin

дўкон

l'économie - иқтисод

les professions
касблар

l'agent de police
полициячи

le pompier
ўт ўчирувчи

le cuisinier
ошпаз

le docteur
шифокор

le pilote
учувчи

le jardinier
боғбон

le charpentier
дурадгор

le couturier
тикувчи

le juge
ҳакам

le pharmacien
кимёгар

l'acteur
актёр

le chauffeur d'autobus
автобус ҳайдовчиси

le chauffeur de taxi
такси ҳайдовчи

le pêcheur
балиқчи

la femme de ménage
фаррош

le couvreur
том устаси

le serveur
официант

le chasseur
овчи

le peintre
бўёқчи

le boulanger
нонвой

l'électricien
электр устаси

le constructeur de bâtiments
қурувчи

l'ingénieur
муҳандис

le boucher
қассоб

le plombier
сувчи чилангар

le facteur
почтачи

les professions - касблар

le soldat
аскар

l'architecte
меъмор

le caissier
ғазначи

le fleuriste
гулчи

le coiffeur
сартарош

le chef de train
чиптачи

le mécanicien
механик

le capitaine
капитан

le dentiste
тиш шифокори

le scientifique
олим

le rabbin
яхудийлар руҳонийси

l'imam
имом

le moine
роҳиб

l'ecclésiastique
руҳоний

les professions - касблар

les outils
асбоблар

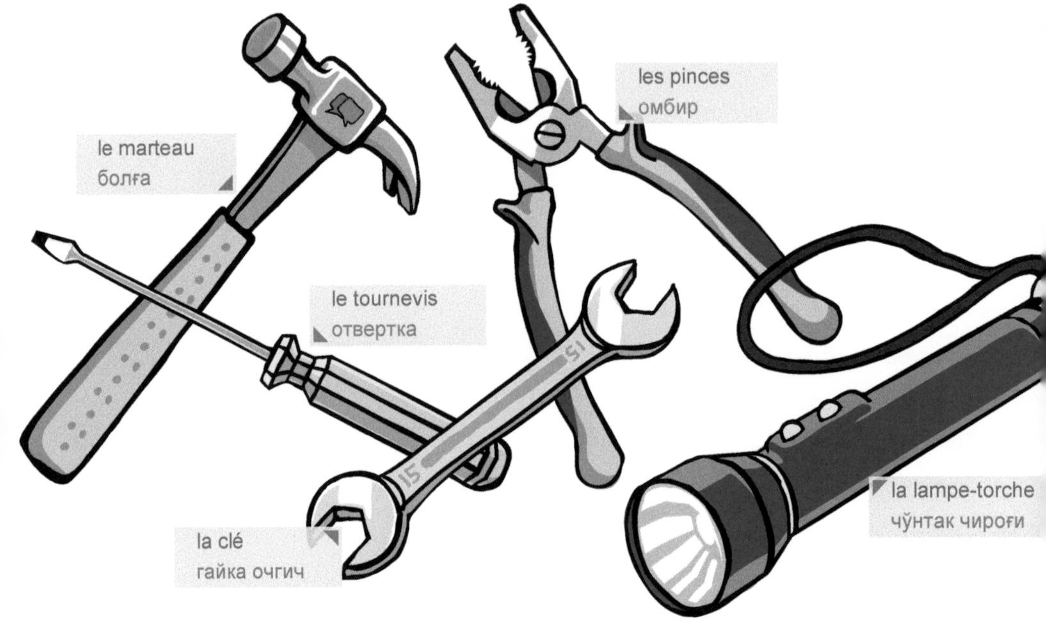

le marteau
болға

les pinces
омбир

le tournevis
отвертка

la clé
гайка очгич

la lampe-torche
чўнтак чироғи

l'excavatrice
экскаватор

la boîte à outils
асбоблар қутиси

l'échelle
нарвон

la scie
қўларра

les clous
мих

la perceuse
пармадаста

réparer
тузатмоқ

la pelle
белкурак

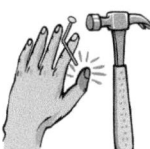

Tabarnouche !
Жин урсин!

la pelle à poussière
хокандоз

le pot de peinture
бўёқ идиш

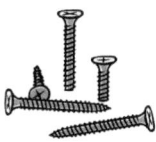

les vis
бурама мих

les instruments de musique
мусиқа асбоблари

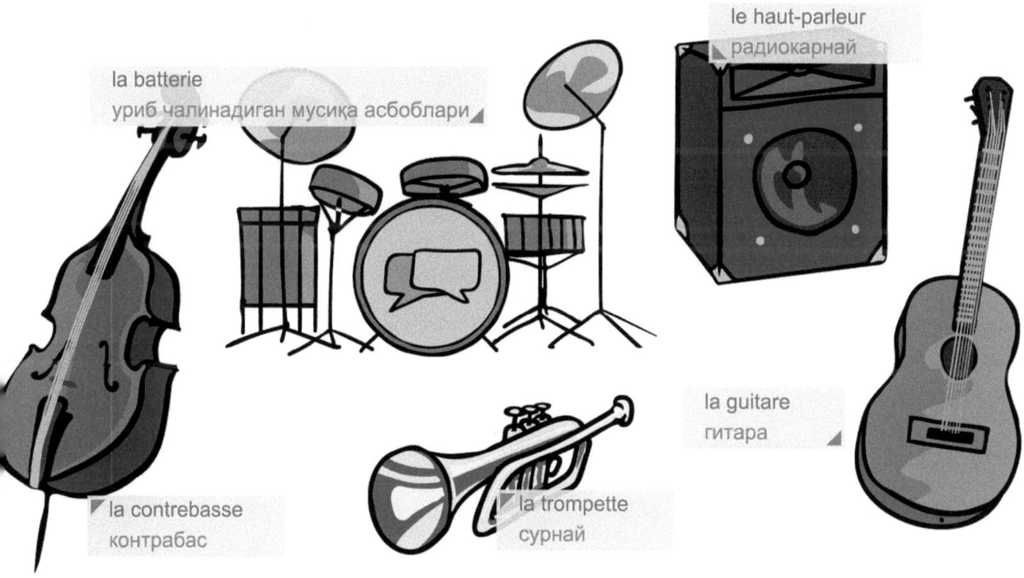

le haut-parleur
радиокарнай

la batterie
уриб чалинадиган мусиқа асбоблари

la guitare
гитара

la contrebasse
контрабас

la trompette
сурнай

le piano

пианино

le violon

ғижжак

la basse

бас-гитара

les timbales

қўшноғора

le tambour

дўмбира

le synthétiseur

клавиатура

le saxophone

саксофон

la flûte

най

le microphone

микрофон

les instruments de musique - мусиқа асбоблари

le zoo
ҳайвонот боғи

l'entrée
кириш

le tigre
арслон

la cage
қафас

le zèbre
зебра

la nourriture pour animaux
ем

le panda
панда

les animaux
ҳайвонлар

l'éléphant
фил

le kangourou
кенгуру

le rhinocéros
каркидон

le gorille
горилла

l'ours
айиқ

le zoo - ҳайвонот боғи

le chameau
туя

l'autruche
туяқуш

le lion
шер

le singe
маймун

le flamand rose
фламинго

le perroquet
тўти

l'ours polaire
оқ айиқ

le pingouin
пингвин

le requin
акула

le paon
товус

le serpent
илон

le crocodile
тимсоҳ

le gardien de zoo
ҳайвонот боғи қоровули

le phoque
тюлень

le jaguar
ягуар

le zoo - ҳайвонот боғи

le poney

тўпичоқ от

le léopard

қоплон

l'hippopotame

бегемот

la girafe

жирафа

l'aigle

бургут

le sanglier

эркак чўчқа

le poisson

балиқ

la tortue

тошбақа

le morse

морж

le renard

тулки

la gazelle

оху

le zoo - ҳайвонот боғи

les sports
спорт ўйинлари

les activités
машғулот

sauter — сакрамоқ
serrer dans les bras — кучмоқ
rire — кулмоқ
marcher — юрмоқ
chanter — куйламоқ
rêver — ҳаёл қилмоқ
prier — ибодат қилмоқ
embrasser — ўпмоқ

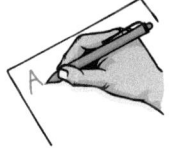

écrire
ёзмоқ

dessiner
чизмоқ

montrer
кўрсатмоқ

pousser
итармоқ

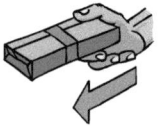

donner
бермоқ

prendre
олмоқ

les activités - машғулот

avoir

эга бўлмоқ

faire

бажармоқ

être

бўлмоқ

être debout

турмоқ

courir

югурмоқ

tirer

тортмоқ

jeter

улоқтирмоқ

tomber

йиқилмоқ

s'allonger

алдамоқ

attendre

кутмоқ

porter

ташимоқ

s'asseoir

ўтирмоқ

s'habiller

кийинмоқ

dormir

ухламоқ

se réveiller

уйғонмоқ

les activités - машғулот

regarder

қарамоқ

pleurer

йиғламоқ

caresser

зарба бермоқ

peigner

тарамоқ

parler

гаплашмоқ

comprendre

тушунмоқ

demander

сўрамоқ

écouter

тингламоқ

boire

ичмоқ

manger

емоқ

ranger

йиғиштирмоқ

aimer

севмоқ

cuisiner

пиширмоқ

conduire

ҳайдамоқ

voler

учмоқ

les activités - машғулот

faire de la voile
кемада сузмоқ

calculer
ҳисобламоқ

lire
ўқимоқ

apprendre
ўрганмоқ

travailler
ишламоқ

se marier
турмуш қурмоқ

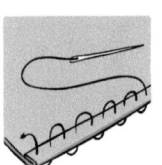
coudre
тикмоқ

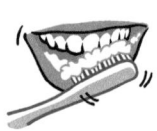
brosser les dents
тиш ювмоқ

tuer
ўлдирмоқ

fumer
чекмоқ

envoyer
йўлламоқ

les activités - машғулот

la famille
оила

- la grand-mère / буви
- le grand-père / бува
- le père / ота
- la mère / она
- le bébé / чақалоқ
- la fille / қиз
- le fils / ўғил

l'invité
мехмон

la tante
амма

l'oncle
тоға

le frère
ака

la sœur
опа

la famille - оила

le corps
тана

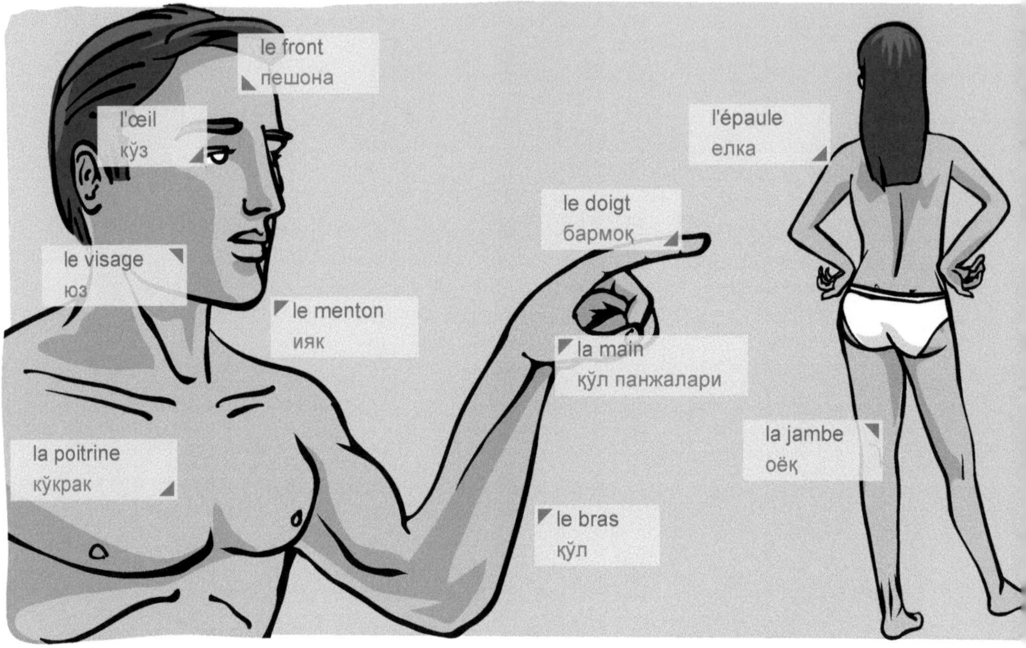

- le front — пешона
- l'œil — кўз
- le visage — юз
- le menton — ияк
- la poitrine — кўкрак
- l'épaule — елка
- le doigt — бармоқ
- la main — қўл панжалари
- la jambe — оёқ
- le bras — қўл

le bébé
чақалоқ

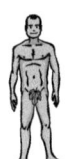

l'homme
одам

la femme
аёл

la fille
қиз бола

le garçon
ўғил бола

la tête
бош

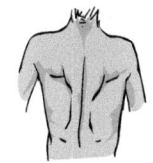

le dos

орқа

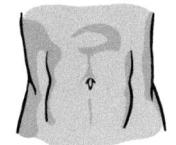

le ventre

қорин

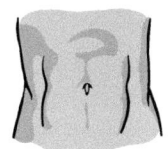

le nombril

киндик

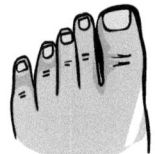

l'orteil

оёқ панжаси

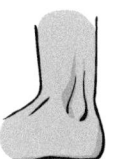

le talon

товон

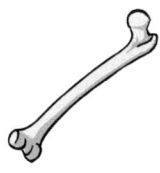

l'os

суяк

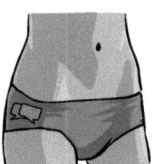

la hanche

бел

le genou

тизза

le coude

тирсак

le nez

бурун

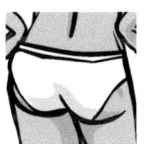

le derrière

думба

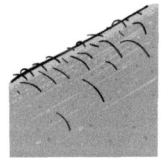

la peau

тери

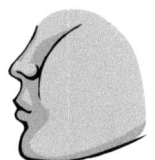

la joue

яноқ

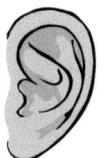

l'oreille

қулоқ

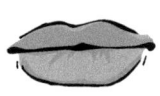

la lèvre

лаб

le corps - тана

la bouche
оғиз

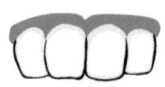

la dent
тиш

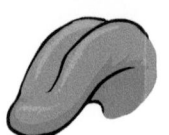

la langue
тил

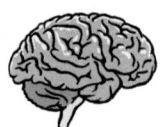

le cerveau
мия

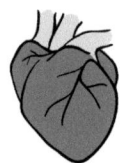

le cœur
юрак

le muscle
мушак

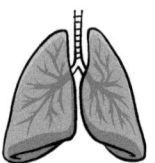

les poumons
ўпка

le foie
жигар

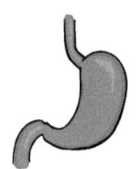

l'estomac
ошқозон

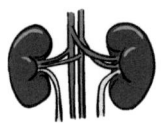

les reins
буйрак

le rapport sexuel
жинсий алоқа

le condom
презерватив

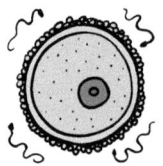

l'ovule
тухум ҳўжайра

le sperme
уруғ

la grossesse
ҳомиладорлик

le corps - тана

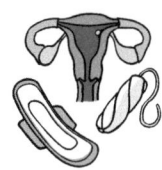

la menstruation

ҳайз

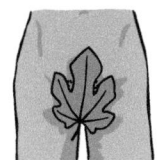

le vagin

бачадон

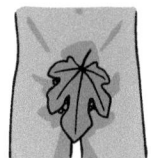

le pénis

олат

le sourcil

қош

les cheveux

соч

le cou

бўйин

le corps - тана

l'hôpital
шифохона

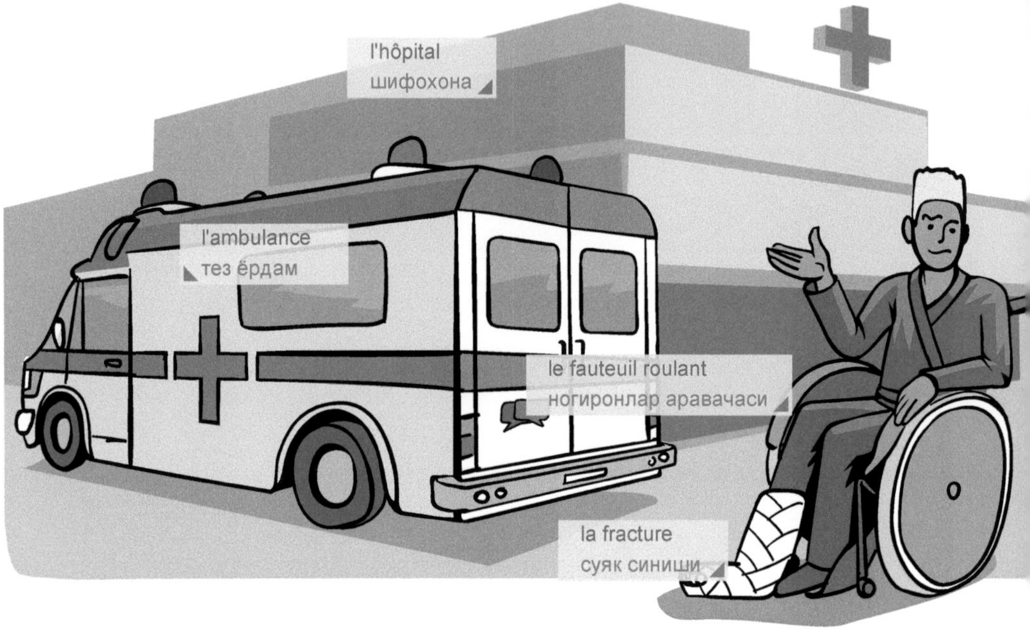

l'hôpital
шифохона

l'ambulance
тез ёрдам

le fauteuil roulant
ногиронлар аравачаси

la fracture
суяк синиши

le docteur
шифокор

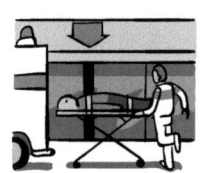

la salle des urgences
Шошилинч тиббий ёрдам кўрсатиш бўлими

l'infirmier
ҳамшира

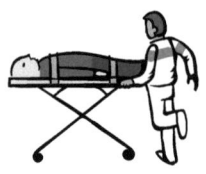

l'urgence
тез ёрдам

inconscient
ҳушсизлик

la douleur
оғриқ

la blessure
жароҳат

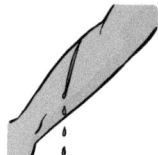
le saignement
қонаш

la crise cardiaque
юрак хуружи

l'AVC
инсульт

l'allergie
аллергия

la toux
йўтал

la fièvre
иситма

la grippe
тумов

la diarrhée
ич кетиш

le mal de tête
бош оғриғи

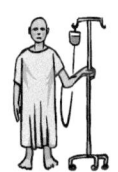
le cancer
саратон касали

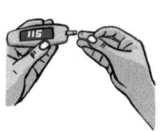
le diabète
қандли диабет

le chirurgien
жарроҳ

le scalpel
жарроҳ пичоғи

l'opération
жарроҳлик амалиёти

la tomodensitométrie

томография

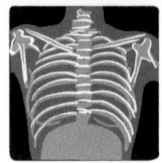

la radiographie

рентген

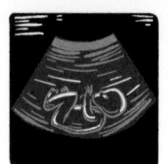

l'ultrason

ултратовуш текшируви

le masque

юз ниқоби

la maladie

касаллик

la salle d'attente

қабулхона

la béquille

қўлтиқтаёқ

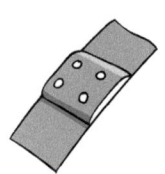

le sparadrap

малҳамли пластир

le bandage

бинт

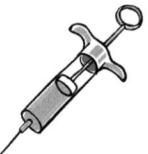

l'injection

укол

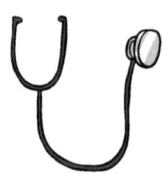

le stéthoscope

юрак урушини ва ўпкани эшитиб кўрадиган асбоб

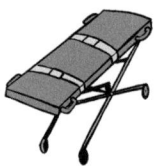

le brancard

беморлар учун замбил

le thermomètre médical

термометр

l'accouchement

туғруқ

l'excès de poids

семизлик

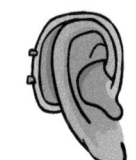

l'appareil auditif

эшитиш мосламаси

le désinfectant

дезинфекцияловчи восита

l'infection

инфекция

le virus

вирус

le VIH/ le sida

ОИВ / ОИТС

le médicament

дори

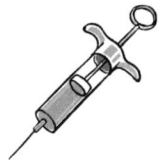

la vaccination

эмлаш

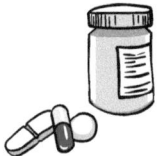

les comprimés

таблетка

la pilule

дори

l'appel d'urgence

тез ёрдам қўнғироғи

le tensiomètre

қон босимини ўлчаш асбоби

malade / en bonne santé

касал / соғлом

l'hôpital - шифохона

l'urgence
тез ёрдам

Au secours !
Ёрдам беринглар!

l'alarme
хавф-хатар ишораси

l'assaut
тажовуз

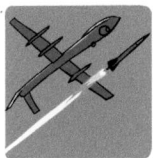

l'attaque
ҳужум

le danger
хавф

la sortie de secours
фавкулодда ҳолатларда чиқиш эшиги

Au feu!
Ёнғин!

l'extincteur
ўт ўчиргич

l'accident
фалокат

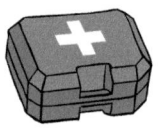

la trousse de premiers soins
биринчи тиббий ёрдам тўплами

SOS
фалокат сигнали

la police
полиция

la Terre
Ep

l'Europe
Европа

l'Amérique du Nord
Шимолий Америка

l'Amérique du Sud
Жанубий Америка

l'Afrique
Африка

l'Asie
Осиё

l'Australie
Австралия

l'océan Atlantique
Атлантик океани

l'océan Pacifique
Тинч океани

l'océan Indien
Ҳинд океани

l'océan Antarctique
Антарктида океани

l'océan Arctique
Арктика океани

le Pôle Nord
Шимолий қутб

le Pôle Sud

Жанубий қутб

l'Antarctique

Антарктика

la Terre

Ер

la terre

ўлка

la mer

денгиз

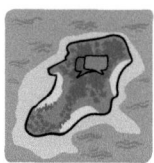

l'île

орол

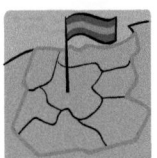

la nation

миллат

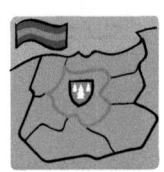

l'État

давлат

l'heure
соат

le cadran
астрономик вақт кўрсатгичи

l'aiguille des heures
соат мили

l'aiguille des minutes
дақиқа мили

l'aiguille des secondes
сония мили

Quelle heure est-il ?
Соат неча?

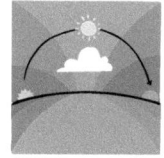
le jour
кун

le temps
вақт

maintenant
ҳозир

la montre à affichage numérique
рақамли соат

la minute
дақиқа

l'heure
соат

la semaine
хафта

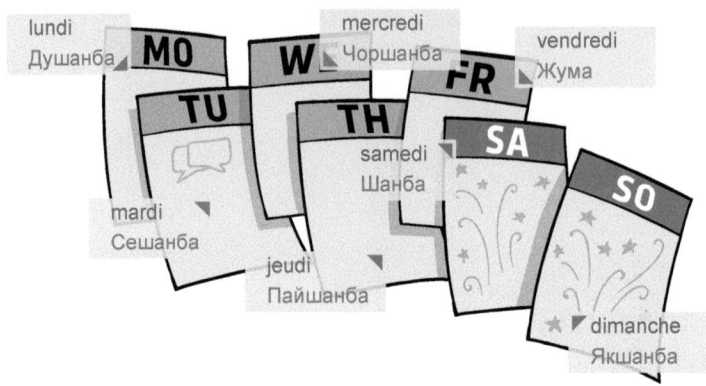

lundi
Душанба

mardi
Сешанба

mercredi
Чоршанба

jeudi
Пайшанба

samedi
Шанба

vendredi
Жума

dimanche
Якшанба

hier
кеча

aujourd'hui
бугун

demain
эртага

le matin
эрталаб

le midi
пешин

le soir
кечқурун

les jours ouvrables
иш кунлари

la fin de semaine
дам олиш кунлари

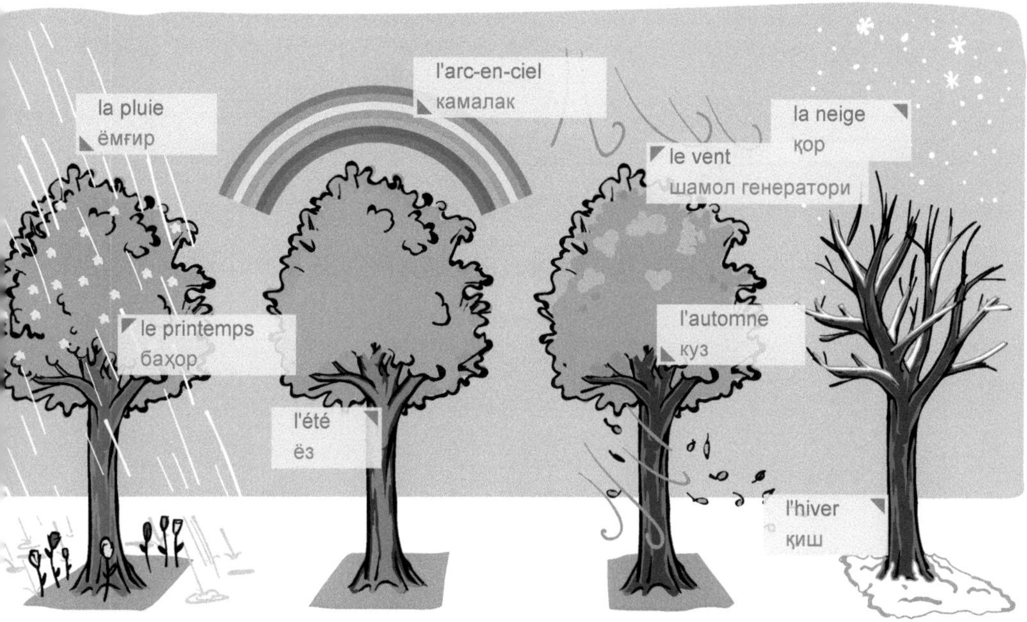

l'année
йил

la pluie
ёмғир

l'arc-en-ciel
камалак

la neige
қор

le vent
шамол генератори

le printemps
баҳор

l'automne
куз

l'été
ёз

l'hiver
қиш

les prévisions météorologiques
об-ҳаво маълумоти

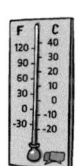

le thermomètre
термометр

les rayons du soleil
қуёшли

le nuage
булут

le brouillard
туман

l'humidité
намгарчилик

la foudre

чақмоқ

le tonnerre

момоқалдироқ

la tempête

бўрон

la grêle

дўл

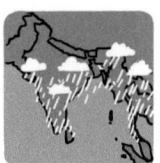

la mousson

намгарчилик мавсуми

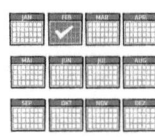

l'inondation

тошқин

la glace

муз

janvier

Январь

février

Февраль

mars

Март

avril

Апрель

mai

Май

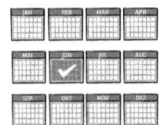

juin

Июнь

juillet

Июль

août

Август

l'année - йил

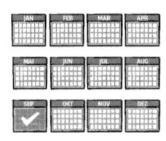
septembre
Сентябрь

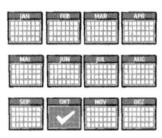
octobre
Октябрь

novembre
Ноябрь

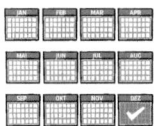
décembre
Декабрь

les formes
шакллар

le cercle
айлана

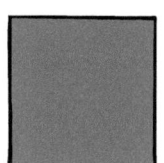
le carré
квадрат

le rectangle
тўртбурчак

le triangle
учбурчак

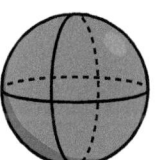
la sphère
доира

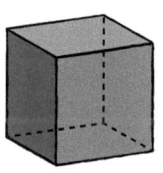
le cube
куб

les couleurs
ранглар

blanc

оқ

jaune

сариқ

orange

сабзи ранг

rose

пушти

rouge

қизил

violet

тўқ қизил

bleu

кўк

vert

яшил

marron

жигар ранг

gris

кул ранг

noir

қора

les opposés
қарама-қарши маъноли сўзлар

beaucoup / un peu

кўп / оз

en colère / calme

ғазабли / хотиржам

beau / laid

гўзал / хунук

le début / la fin

боши / охири

grand / petit

катта / кичик

lumineux / sombre

ёруғ / қоронғу

le frère / la sœur

ака / сингил

propre / sale

тоза / ифлос

complet / incomplet

тўлиқ / чала

le jour / la nuit

кун / тун

mort / vivant

ўлик / тирик

large / étroit

кенг / тор

comestible / non comestible

еса бўладиган / еса бўлмайдиган

méchant / gentil

ёвуз / хайрли

être enthousiaste / s'ennuyer

ҳаяжонли / зерикарли

gros / mince

семиз / озғин

le premier / le dernier

биринчи / охирги

l'ami / l'ennemi

дўст / душман

plein / vide

тўла / бўш

dur / mou

қаттиқ / юмшоқ

lourd / léger

оғир / енгил

faim / soif

очлик / чанқов

malade / en bonne santé

касал / соғлом

illégal / légal

ноқонуний / қонуний

intelligent / stupide

зиёли / калтафаҳм

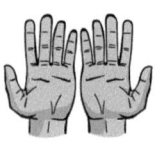

gauche / droite

чап / ўнг

proche / loin

яқин / узоқ

les opposés - қарама-қарши маъноли сўзлар

neuf / usagé

янги / ишлатилган

rien / quelque chose

ҳеч нарса / бир нарса

vieux / jeune

қари / ёш

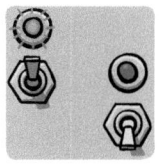

marche / arrêt

ёниқ / ўчиқ

ouvert / fermé

очиқ / ёпиқ

calme / bruyant

паст / баланд

riche / pauvre

бой / камбағал

correct / incorrect

тўғри / нотўғри

rugueux / lisse

нотекис / текис

triste / heureux

хафа / хурсанд

court / long

қисқа / узун

lent / rapide

секин / тез

mouillé / sec

нам / қуруқ

chaud / froid

илиқ / салқин

la guerre / la paix

уруш / тинчлик

les opposés - қарама-қарши маъноли сўзлар

les nombres
рақамлар

0
zéro
ноль

1
un
бир

2
deux
икки

3
trois
уч

4
quatre
тўрт

5
cinq
беш

6
six
олти

7
sept
етти

8
huit
саккиз

9
neuf
тўққиз

10
dix
ўн

11
onze
ўн бир

12 douze
ўн икки

13 treize
ўн уч

14 quatorze
ўн тўрт

15 quinze
ўн беш

16 seize
ўн олти

17 dix-sept
ўн етти

18 dix-huit
ўн саккиз

19 dix-neuf
ўн тўққиз

20 vingt
йигирма

100 cent
юз

1.000 mille
минг

1.000.000 le million
миллион

les nombres - рақамлар

les langues
тиллар

l'anglais

Инглиз

l'anglais américain

Америкача инглиз тили

le chinois mandarin

Хитой тилининг Мандарин лаҳчаси

le hindi

Ҳинд

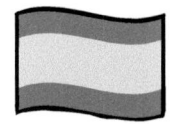

l'espagnol

Испан

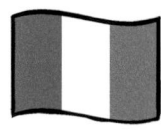

le français

Француз

l'arabe

Араб

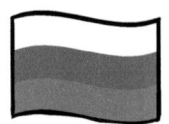

le russe

Рус

le portugais

Португал

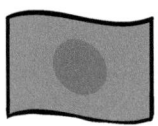

le bengali

Бенгал

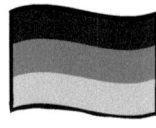

l'allemand

Немис

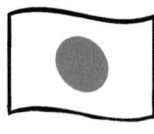

le japonais

Япон

qui / quoi / comment
ким / нима / қандай

je
Мен

tu
Сен

il / elle / ce, c', cela
у / у / у

nous
биз

vous
сизлар

ils / elles
улар

qui ?
ким?

quoi ?
нима?

comment ?
қандай?

où ?
қаерда?

quand ?
қачон?

le nom
исм

où
қаерда

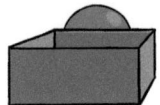

derrière

орқада

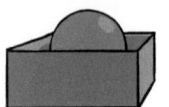

dans

ичида

devant

олдида

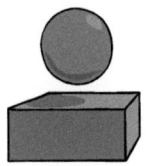

au-dessus

узра

sur

устида

en dessous

тагида

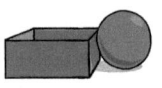

à côté de

ёнида

entre

ўртасида

l'endroit

жой